DU PROGRÈS

PAR L'AUTORITÉ

ET DES

DÉPOSITAIRES DE L'AUTORITÉ

PAR

Edouard DE LA MARTINIÈRE.

> Le mot Roi excite dans l'esprit d'un
> Français des idées de bienfaisance, de
> reconnaissance et d'amour, en même
> temps que celles de pouvoir, de gran-
> deur et de félicité.
>
> Cᵗᵉ Joseph DE MAISTRE (*Mélanges*).

ANGERS

E. BARASSÉ, IMPRIMEUR-LIBRAIRE-ÉDITEUR

Rue Saint-Laud, 83.

1871

A Monseigneur le Comte DE CHAMBORD

Monseigneur,

Vous êtes, pour la France, investi de l'autorité que vous tenez de Dieu; vous êtes notre Roi, le père de vos sujets, et nous sommes vos enfants.

Permettez-moi, Monseigneur, de vous offrir ces quelques lignes, résumant toute ma foi religieuse et politique : Dieu, le Pape et le Roi.

Père de famille moi-même, je tiens mon pouvoir de Dieu ; mais en retour, je dois soumission à Dieu, au Pape et à mon Roi.

DU PROGRÈS

PAR L'AUTORITÉ

ET DES

DÉPOSITAIRES DE L'AUTORITÉ

I.

Il existe de nos jours un mot, dont la société Française se targue volontiers, dans un indicible orgueil, et que nous répétons tous, cherchant à nous persuader que chacun en possède le secret le plus intime, l'essence la plus efficace : ce mot, c'est le Progrès.

Nous sommes, ou plutôt nous prétendons follement être les hommes du Progrès ; notre siècle est le siècle du Progrès ; notre société progresse chaque jour, dit-on, et bien mal avisé serait celui qui oserait nous dire : vous n'êtes pas des hommes de Progrès.

Et d'abord, qu'est-ce que le Progrès au point de vue de la société ?

Le Progrès, appliqué soit à l'individualité, soit à la généralité, est, dans son sens absolu, l'amélioration de l'homme pris individuellement et son perfectionnement quand il est réuni en famille, constituant alors la société.

Nous sommes placés, ici bas, avec notre amélioration pour objectif ; nous devons travailler et travailler incessamment à perfectionner notre nature, à réprimer nos vices, et à développer les germes, plus ou moins féconds, des brillantes qualités que le Divin Créateur a déposées dans nos cœurs à tous.

Ne l'oublions pas, si nous sommes mauvais, c'est que nous lâchons, complaisamment, la bride à nos instincts pervers, et que peu soucieux de la perfection à laquelle nous devons aspirer, nous aimons mieux nous complaire dans une molle indolence, que d'aborder, franchement, la perfectibilité de notre nature : de là, l'oubli le plus coupable des devoirs les plus impérieux et l'atonie des gens de bien, quand ils se trouvent

en lutte avec les mauvais, ou plutôt les fous de
de la société.

Le laboureur qui cultive ses champs travaille
à fertiliser même les sols les plus ingrats.

Le Progrès, appliqué à la société, est donc le
développement, plus ou moins grand, des qualités, des vertus, des forces vitales de chacun des
membres qui la composent.

Maintenant, considérons avec calme notre
France actuelle. Je me pose avec effroi ces deux
questions :

Sommes-nous sur la voie d'un Progrès véritable ?

Si nous n'y sommes pas, qui nous y ramènera ?

Il y a des gens qui appelleront Progrès, la négation totale du devoir, l'émancipation de toute
autorité, l'affranchissement de toute obligation.
Ceux-là sont dans la plus profonde des erreurs :
il n'y a jamais eu, et il n'y aura jamais Progrès
réel, Progrès véritable, sans le respect de l'autorité. L'autorité est la source nécessaire, le point
de départ indispensable de tout Progrès ; et
puisque j'ai prononcé le mot d'autorité, rappe-

lons-nous les paroles que faisait entendre naguère
encore, du haut de la chaire de N.-D. de Paris,
un des grands orateurs chrétiens de notre époque.

« Vous êtes fiers, avec quelque raison, disait-
» il, des chefs-d'œuvre accomplis par la main de
» ce peuple, dont l'habilité se combine avec la
» force, pour faire de votre nation l'inimitable
» ouvrière de la perfection et de la beauté, même
» dans l'ordre purement matériel.

» Mais, dites-moi, est-ce que vous n'auriez pas
» lieu de réfléchir et même de trembler pour
» l'avenir de la société elle même, si, par mal-
» heur, au fond de l'âme de ce peuple si prodi-
» gieusement habile à tisser le lin, à forger le fer
» et à polir l'acier, il y avait des révoltes sourdes
» contres toutes les autorités ? Et que seraient
» aujourd'hui tant de miracles de production réa-
» lisés par votre génie, si demain, au premier
» souffle d'une révolution, vous pouviez craindre
» de voir, acharné à tout détruire, ce même peuple
» aujourd'hui si puissant pour tout produire,
» brisant de ses bras armés par la fureur de l'in-
» dépendance avec toutes les autorités, tant de

» choses saintes, tant d'institutions fécondes, tant
» de chefs-d'œuvre admirés, tout et peut-être
» jusqu'aux chefs-d'œuvre sortis de ses propres
» mains?

» Gardons-nous de ces illusions terribles qui
» dévoilent à nos yeux, volontairement fermés,
» ces perspectives de destruction, que votre siècle
» ne laisse que trop apercevoir derrière ces ate-
» liers et ces arsenaux, que vous nommez ma-
» gnifiquement les sanctuaires du travail et les
» temples de la production.

» Si c'est superbe et fier de pouvoir montrer,
» rien que dans cette seule cité, un million de
» bras fonctionnant pour donner à vos maisons,
» à vos meubles et à vos vêtements, une splen-
» deur inouïe, il serait plus redoutable encore
» de voir cette immense armée du travail dé-
» ployer à travers la cité ses millions de bras et
» prête, au premier signal donné, à vous montrer
» peut-être en quelques jours, sur une multitude
» de ruines, la plus grande des ruines, la ruine
» de toute autorité. »

(Père FÉLIX, Conf. N.-D., année 70, p. 75.)

Ces paroles prononcées quelques mois avant
nos désastres ne semblent-elles pas nous prédire
tous nos maux : ne nous montrent-elles pas la
voie douloureuse dans laquelle la France s'avance
de plus en plus, et, en accusant notre manque
de respect pour l'autorité, ne nous attestent-elles
pas que nous ne sommes pas sur la route du
Progrès, car nous n'avons plus d'autortté digne
de ce nom, et cela depuis bien longtemps ; par-
tant, nous ne sommes pas dans le Progrès, —
nous rétrogradons.

Des hommes de Progrès ! Mais pourrons-nous
voir le Progrès, dans l'exercice d'un pouvoir vil
et despotique, bas et servile, se mettant aux ordres
de la révolution, obéissant sous main à ses me-
naces, flattant les mauvais instincts du peuple,
pour le mieux conduire à sa ruine ? D'un pouvoir,
qui, après avoir passé par le sang et l'assassinat,
vient s'abreuver et tomber dans le sang de tant
de Français, stupidement sacrifiés à Sedan, la-
mentable épopée d'une guerre entreprise, comme
moyen, par un homme qui ne savait pas même
porter une épée.

Pauvre France ! tu as donc cru que l'homme de Sedan, que ce brocanteur de servilisme, était le Progrès !

Il avait façonné Paris, il est vrai, foulé aux pieds nos droits nationaux, centralisé tout vers le temple, aujourd'hui en cendres, où chacun allait l'adorer ; il avait perverti le soldat, dilapidé nos finances, éparpillé nos forces — voilà son Progrès.

Il avait insulté, avec un cynisme hypocrite et perfide, le plus imposant, le plus noble des pouvoirs, émanant du grand maître des peuples et des rois, de celui qui ne relève que de Dieu lui-même : la papauté.

C'était donc le Progrès, selon lui, de venir, dans un jour néfaste et coupable, dire au Piémont, avant le guet-à-pens de Castelfidardo : faites, mais faites vite ; et d'escompter ainsi quelques jours de règne au profit de la révolution, ce feu terrible qui dévore actuellement l'Europe entière.

Non, disons-le hautement : le véritable Progrès s'appuie sur la véritable autorité, l'autorité légitime, le Roi de France pour nous.

Qu'avons-nous vu depuis près d'un siècle, à quel navrant spectacle avons-nous assisté ?

Est-ce au pouvoir arbitraire né de la révolution, et sorti du ruisseau, que nous devons donner le nom d'autorité ?

Que cette force brutale et arbitraire s'appelle la république de 1848. Qu'elle prenne le nom pompeux d'empire, ou qu'elle redevienne encore un essai de république, avec les hommes du 4 septembre, nous fournissant, comme dernier mot de son savoir faire, Gambetta et ses décrets, ou Jules Simon, le membre occulte de la vaste entreprise du renversement de la société française. Cette force est à redouter, car elle est méchante, mais elle n'est pas l'autorité.

Et actuellement, sera-ce ce fossoyeur de tous les régimes, M. Thiers, voulant abaisser le pays au niveau de sa taille, pour cueillir, tout à l'aise, le fruit de sa convoitise, et exploiter la France pour son compte personnel ? Non, mille fois non, là n'est pas le vrai principe de l'autorité.

Sachons-le bien, et surtout ne l'oublions pas, toute autorité légitime, vraie par conséquent, émane de Dieu et s'appuie sur lui seul.

L'athéisme est la grande négation du principe d'autorité.

Dieu seul fait les Rois et les souverains, et, au jour de sa colère, ce pouvoir, momentanément aux mains d'un aventurier ou d'un despote, nous montre combien nous sommes loin de la vraie voie.

Le Progrès social, le vrai Progrès, doit se chercher dans le Progrès chrétien, avec lequel il est indissolublement uni. Il faut le demander à notre monarchie française, monarchie chrétienne avant tout.

Le Progrès, c'est Clovis, jetant bas le manteau de l'erreur à Tolbiac, en 496, et fondant la monarchie chrétienne.

Le Progrès, c'est Charlemagne convertissant les Saxons ligués contre lui, évangélisant Witikind, et faisant goûter à l'Allemagne les douceurs du catholicisme.

C'est Charlemagne, le digne fils de Pépin, défendant la papauté contre les Lombards, et, en affirmant ainsi cette grande vérité, que tout pouvoir qui ne s'appuie pas sur l'Eglise, tombe en ruine, acquiert à notre France son beau titre de fille aînée de l'Eglise.

Le Progrès, c'est cet élan sublime et chevaleresque, qui fit voler nos rois de France au secours de la Terre-Sainte, affranchir du contact impur des infidèles les lieux témoins du passage visible de Dieu sur la terre, et rapporter dans nos pays la civilisation de l'Orient.

L'organisation des communes n'est-elle pas due à nos rois?

Notre France d'avant 1871 n'est-elle pas le fruit du travail incessant de la monarchie, et sans compter les provinces qui firent retour par suite d'alliance? A qui devons-nous la Normandie — la Picardie — l'Artois — la Flandre — le Poitou — le Berry — le Bourbonnais — le Limousin — le Béarn et la Navarre — la Lorraine et l'Alsace, et tant d'autres qu'il serait superflu de citer ici?

N'est-ce pas un de nos grands rois qui avait su faire respecter par toute l'Europe cette devise superbe : *Nec pluribus impar.*

De nos jours même, l'Algérie n'a-t-elle pas été conquise par les armes d'un roi Bourbon — la conquête commencée n'a pu encore être menée à bonne fin par aucun de ces pouvoirs d'aventure qui frappent incessamment à nos portes.

Je garde l'espoir, la confiance que la complète civilisation de l'Algérie sera l'œuvre d'un Bourbon, qui, s'étayant sur le catholicisme, fera christianiser cette nouvelle terre.

Si nous voulons être dans la voie du Progrès, du Progrès réel, du seul Progrès, il faut avancer avec la monarchie chrétienne et catholique, avec nos Rois, ou sans cela retourner en arrière.

Ah ! Français ! Quand donc comprendrez-vous votre position, vos intérêts les plus chers ! Nous sommes tombés du premier rang que nous avons occupé à un rang secondaire, nous ne sommes plus d'aucun poids dans les conseils européens, nous n'avons pas de puissance amie, pas même celles que nous avons imprudemment soutenues, ou dont nous avons été assez simples pour faire les propres affaires, satisfaire les intérêts au détriment des nôtres. Ah ! Amère dérision, sottise incalculable, voilà le faux Progrès, voilà le mal ; mais voici le remède, voici le sauveur.

II.

Nous venons de dire que le Roi est la véritable autorité, parce qu'il s'appuie sur Dieu, son principe, sa force et sa vie ; revenons sur cette pensée.

Songeons-nous bien à ce que c'est qu'un Roi ? Y pensons-nous ?

Et la petitesse des usurpateurs actuels de l'autorité, ne diminue-t-elle pas, pour ainsi dire, à nos yeux abusés, la grandeur et l'imposant du principe lui-même.

Dieu, le seul grand maître, a, sur cette terre, trois dépositaires de son autorité ; il confie une partie de ses pouvoirs à des hommes de son choix qui le représentent, et ces trois pouvoirs se nomment le Pape — le Roi — le Père de famille. Trois souverains avec chacun leurs attributions distinctes, dans leur libre exercice, mais émanant de la même source et devant tendre au même but.

Toutes les autres autorités découlent de ces trois pouvoirs, ils sont la base de la société, et attaquer l'un d'eux est une révolte flagrante contre Dieu.

C'est précisément le spectacle que nous offre la Révolution.

Après avoir brisé en 1793 le trône de nos Rois, elle veut depuis 1860 couler bas la nef de Pierre, et voilà qu'en 1871 l'autorité du père de famille est non-seulement méconnue, mais on veut la priver totalement de son indépendance — elle n'a pourtant pour juges légitimes que Dieu et la conscience.

Puis, comme conséquence nécessaire de la négation de ces trois autorités, nous arrivons à refuser à Dieu lui-même l'obéissance que nous avons refusée à ses mandataires.

Voilà l'œuvre de la Révolution.

La force incréée qui gouverne et régit le monde se relie visiblement à nous, et nous communique sa force par trois fortes racines : en les tranchant successivement, on arrive nécessairement à isoler la créature du créateur et à substituer la faiblesse et l'impuissance à la force et à la vitalité.

Nous voyons malheureusement depuis trop longtemps, dans une grande et belle nation comme la France, la stérilité dont un peuple peut être frappé, quand se perd ou s'oublie le grand principe d'autorité.

Nous n'avons plus de Roi, où allons nous? Les souverains d'un jour, pouvoir d'aventure ou plutôt simulacre de pouvoir, nous ont assez montré leur savoir faire, et nous ont, en nous exploitant, convaincu que tout se perd avec les principes chrétiens, les seuls vrais.

Le Roi banni de son trône, le flot de la révolution ne s'arrêtant plus en son chemin est venu se heurter contre la papauté, et le pauvre pêcheur du Vatican, dépouillé, harcelé, traqué comme un coupable, est en butte aux sarcasmes et aux risées de nos modernes démolisseurs de la société chrétienne.

Le Roi dans l'exil, le pape insulté jusqu'en sa

demeure, la Ville Eternelle n'étant plus un abri pour sa personne auguste, à votre tour maintenant, pères de famille, marchons, marchons toujours; quand nous aurons démoli pièce à pièce la société qui a Dieu pour base et point de départ, nous en reformerons une autre à notre guise; rien nous gênera plus—de disciples, nous deviendrons maîtres, et de serviteurs nous commanderons en despotes.

Nous, pères de famille, nous serons forcés de faire de nos enfants de petits athées, qui, commençant à discuter l'autorité paternelle, en viendront un peu plus tard à refuser obéissance à Dieu lui-même. Quel sera donc le lien qui unira les familles ? Plus de religion, plus d'obéissance, plus de soumission.

Que deviendra alors la société, quand tous les anneaux de cette chaîne mystérieuse, qui forme la grande famille humaine, ne seront plus reliés les uns aux autres !

Nous marcherons donc alors à l'aventure, suivant les caprices de chacun, isolément, sans ensemble, à la recherche du Progrès.

Plus de Roi, souverain temporel.

Plus de Roi spirituel.

Plus de Roi du foyer.

Plus de Famille.

Dix-neuvième siècle, tu te dis siècle du Progrès!
— Amère dérision !

Mais non, ô France ! ô mon pays, tu n'épui-
seras pas la coupe de la folie jusqu'à la dernière
goutte.

Trève aux utopies, aux absurdités orgueil-
leuse de la révolution.

Reconstruisons l'édifice social ayant Dieu pour
base, appuyons-nous sur le Pape, le Roi et le
père de famille.

N'oublions pas que le premier homme fut le
premier roi.

Non, je ne puis perdre l'espérance, nous re-
trouverons notre route du vrai Progrès, quand
nous reviendrons à la royauté.

Le Roi de France s'appuiera sur Dieu, la pierre
angulaire de tout édifice solide et durable.

Nous l'avons ce prince, dans la personne de
Monseigneur le comte Chambord, descendant de

nos rois Bourbons et légitimes. Bourbon lui-même, il est posé par la providence pour le salut de la France, il perpétuera et continuera la longue suite de nos rois.

Il nous attend, il épie avec anxiété le moment où, abjurant toutes nos erreurs, nous reconnaîtrons franchement et du fond du cœur que lui seul peut nous sauver.

Hic positus est in resurrectionem multorum in Israël.

Celui-ci a été placé pour le salut de son peuple d'Israël.

Il ne veut rien précipiter ; mais fort de son droit, il nous dit : c'est ma force ; je suis le droit, je serais appelé, je suis le vrai Progrès.

Il a encore confiance dans la droiture de sa France qu'il aime tant, et dont le bon sens a été engourdi, il est vrai, mais n'est pas éteint totalement.

Arrière donc les intriguants et les aventuriers, les pouvoirs qu'un matin fait éclore, et qu'un peu de bruit dans la rue fait tomber.

Revenons à notre vie, à la source de notre

grandeur passée, nous pourrons alors inscrire encore dans notre histoire de bien glorieuses pages ; et quand on parlera de notre époque actuelle, nos enfants diront : la France sommeillait alors, mais elle s'est réveillée — aux cris de *Vive le Roi*.

ÉDOUARD DE LA MARTINIÈRE.

Angers, imp. E. Barassé. — 1236-71.